FACULTÉ DE DROIT DE LYON

COMPTE RENDU

DES

Délibérations de la Faculté relatives à un Projet ministériel

DE

RÉORGANISATION DES ÉTUDES

POUR LA

LICENCE EN DROIT

LYON

IMPRIMERIE MOUGIN-RUSAND

3, rue Stella, 3

1889

COMPTE RENDU

DES

Délibérations de la Faculté relatives à un Projet ministériel

DE

RÉORGANISATION DES ÉTUDES

POUR LA

LICENCE EN DROIT

LYON

IMPRIMERIE MOUGIN-RUSAND

3, rue Stella, 3

1889

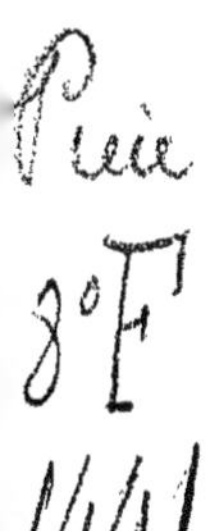

COMPTE RENDU

DES

Délibérations de la Faculté relatives à un Projet ministériel

DE

RÉORGANISATION DES ÉTUDES

POUR LA

LICENCE EN DROIT

Lyon, le 9 mai 1889.

MONSIEUR LE RECTEUR,

La Faculté de Droit de Lyon a consacré de nombreuses séances à l'examen d'une circulaire, que M. le Ministre de l'Instruction publique lui a adressée au mois de janvier dernier, et qui contient un projet de réorganisation des études imposées aux aspirants à la licence en droit. J'ai déjà eu l'honneur de vous exposer les conclusions, auxquelles, après ce long examen, la majorité des membres de l'Assemblée s'est enfin arrêtée dans la séance du 12 avril 1889. Il me reste à vous présenter un résumé des discussions qui ont préparé le vote de ces conclusions.

Plusieurs propositions ont paru se dégager nettement de de toutes les observations échangées ; elles rencontraient une adhésion générale, et, s'il avait été nécessaire de les mettre aux voix, elles auraient certainement réuni l'unanimité des suffrages.

On ne peut pas songer sérieusement, dans les circonstances que nous traversons, à étendre de trois à quatre années la durée des études exigées de tous les jeunes gens qui veulent arriver à la licence en droit. Les projets de loi relatifs au recrutement de l'armée, projets auxquels les Chambres ont fait l'accueil le plus sympathique, offrent à la très grande majorité des étudiants en droit la perspective de trois années de service militaire. D'un autre côté, une diminution sensible dans l'aisance des classes moyennes, parmi lesquelles se recrutent principalement nos élèves, est signalée par les économistes et par les statisticiens les plus autorisés. Depuis trois ans, le nombre des étudiants en droit diminue dans presque toutes les régions de la France. L'heure serait-elle bien choisie pour demander aux jeunes gens une quatrième année d'études et aux familles le très notable surcroît de dépenses qu'occasionnera cette quatrième année? Les douze inscriptions trimestrielles actuellement exigibles des candidats à la licence doivent, au moins provisoirement, être considérées comme un maximum. Si on allait au delà, si l'on imposait seize inscriptions, on verrait la diminution, déjà très sensible, progresser avec une rapidité effrayante.

On ne peut pas d'ailleurs imposer aux étudiants l'obligation de suivre un nombre de cours beaucoup plus considérable que celui qui est déterminé par les règlements actuels. Quand les élèves ont déjà passé environ trois heures dans les salles de cours, pendant chaque matinée, ne convient-il pas de leur laisser leur liberté pour le reste de la journée, afin de leur permettre d'assister aux conférences, dans lesquelles ils reviseront les matières qui leur ont été enseignées, de se livrer à un travail personnel et aussi de remplir les obligations professionnelles qui pèsent sur la grande majorité, clercs dans les études des notaires ou des avoués, surnuméraires dans les diverses administrations publiques, employés dans les maisons de commerce ou d'industrie. On peut exhorter ceux qui disposent de tout leur temps à suivre quelques cours en sus des cours obligatoires; mais on ne peut demander à la généralité des étudiants l'assistance à plus d'une douzaine de leçons hebdomadaires, complétées par les conférences qui portent sur les sujets de ces leçons.

La Faculté de Lyon a donc pris, comme point de départ pour ses délibérations, que trois années d'études suffiront pour arriver à la licence et que chaque étudiant devra suivre environ douze leçons par semaine.

Cela posé, la perspective d'une extension donnée aux divers enseignements actuellement existants dans la plupart des Facultés de droit, notamment dans l'ordre du droit public et administratif, ne devait pas effrayer les professeurs de la Faculté de Lyon. Il est vrai que, dans l'enquête de 1878, sur un projet de création dans les Facultés de droit d'une section administrative et politique, la Faculté de Lyon a émis un avis très défavorable. Elle s'est nettement prononcée contre l'idée de diviser les licenciés en droit candidats au doctorat en deux groupes, les uns aspirant à un diplôme de docteur ès sciences administratives et politiques tandis que les autres rechercheraient le titre classique de docteur en droit. Elle a refusé de s'associer aux auteurs du projet, qui croyaient que les Facultés de droit peuvent former de bons administrateurs, des diplomates expérimentés, de clairvoyants inspecteurs des finances. Elle a dit alors et elle persiste à croire que l'enseignement professionnel qu'exigent certaines fonctions publiques ne peut être donné que dans des écoles spéciales et par des praticiens rompus au maniement des affaires. Elle était et elle est encore persuadée que la vraie mission d'une Faculté de droit est de former l'esprit juridique et d'inculquer aux jeunes gens les méthodes qui leur permettront d'être jurisconsultes dans le sens élevé du mot. Mais, en même temps qu'elle refusait de devenir une sorte d'école préparatoire aux fonctions d'ordre politique ou administratif, la Faculté de Lyon se déclarait favorable aux développements que l'on voudrait donner à l'enseignement théorique de toutes les parties de la science du droit. Elle faisait remarquer que, spontanément, elle avait élargi le cercle officiel dans lequel se renfermaient beaucoup d'autres Facultés, puisque, avec le seul encouragement d'une modique subvention municipale, elle avait créé des cours de droit international public, de législation financière, de droit industriel, de législation commerciale comparée, etc. Bien avant 1882, elle avait ouvert un cours de droit constitutionnel. Elle allait même jusqu'à dire que plusieurs de ces cours complémentaires convenaient aux aspirants à la licence et qu'il était bon de leur faire une place dans les programmes d'examens, qui comportaient encore, à cette époque, une assez large extension. Le principe même du projet ministériel était donc à l'avance agréé par la Faculté de Lyon.

Mais, tous d'accord sur ce principe, tel qu'il résulte de la circulaire du 12 janvier 1889, les treize professeurs et agrégés de la Faculté de Lyon se sont divisés en plusieurs groupes lorsqu'il s'est agi de régler sa mise en pratique. Trois contre-projets ont été proposés et énergiquement défendus. Aucun d'eux n'a obtenu la majorité des suffrages. Mais, par égard pour les minorités relativement considérables qui les ont appuyés, il m'a paru bon, non seulement de les indiquer tous les trois, mais encore de rappeler leurs principaux arguments.

Le projet ministériel et les trois contre-projets peuvent être brièvement résumés sous des qualifications qui mettent en relief leurs principaux caractères et leurs différences essentielles :

1° Système de l'unité d'études, avec insertion dans les programmes actuels de quelques nouveaux enseignements;

2° Système de l'unité d'études, avec possibilité pour l'étudiant de remplacer un cours par un autre cours déclaré équivalent ;

3° Système de la bifurcation, avec dualité de diplômes ;

4° Système de la bifurcation, avec unité de diplôme.

I.

Le premier de ces quatre systèmes est celui qui s'éloigne le plus du projet ministériel. Les défenseurs de l'unité des études sont nettement hostiles, en effet, à la bifurcation que l'on veut établir entre les aspirants à la licence ; ils soutiennent d'ailleurs que le projet ministériel réduit à l'excès la place qui doit appartenir au droit romain dans le programme des études juridiques, et qu'il mutile plusieurs autres enseignements dont le caractère scientifique est incontestablement supérieur à celui des enseignements auxquels il les sacrifie.

La répartition des jeunes gens inscrits dans les Écoles de droit en deux groupes, qui, à partir de la deuxième année, suivront des enseignements différents, ne doit pas, a-t-on dit, donner de bons résultats.

Ou bien les deux routes parallèles conduiront, comme le veut la circulaire ministérielle, à un même diplôme, conférant à tous les mêmes prérogatives. Il est à craindre, en ce cas, que les étudiants ne suivent en majorité la voie qui leur paraîtra la moins aride, et leur choix portera de préférence sur la branche administrative. Or, il est difficile d'admettre que l'on puisse acquérir le sens juridique nécessaire, soit à l'avocat, soit au magistrat, pour la direction et le jugement des procès, avec six mois de procédure civile, avec six mois de droit criminel et sans avoir consacré une deuxième année à l'étude du droit romain. Les Facultés peuvent-elles garantir la capacité pour les fonctions judiciaires d'hommes qui ne connaîtront que les éléments de la procédure et du droit criminel, et pour qui le droit romain aura perdu tout ce qu'il a d'utile au point de vue de l'analyse juridique, de la gymnastique intellectuelle et de l'initiation à ces principes, que les rédacteurs de nos Codes, imbus de droit romain, n'ont pas cru nécessaire d'exprimer parce qu'ils les supposaient connus ?

Le projet ministériel paraît conserver pour ceux qui se destinent aux carrières judiciaires ces enseignements précieux ; en fait, il arrive presque à les supprimer, puisque les étudiants opteront en très grand nombre pour le programme qui leur semblera à la fois le plus facile et le plus agréable. La procédure aura contre elle sa réputation d'aridité ; on se figure volontiers, même au Palais, qu'on peut l'apprendre suffisamment dans les études des officiers ministériels et par l'usage journalier ; on se dira qu'il ne faut pas plus d'un semestre pour acquérir les notions théoriques indispensables. Le droit criminel aurait peut-être plus d'attraits ; mais, de la procédure criminelle, on dira, comme de la procédure civile, qu'il est inutile de lui consacrer beaucoup de temps à l'École, et qu'elle s'apprendra mieux par la pratique, soit dans les Parquets, soit dans la fréquentation des audiences criminelles. On aura surtout à cœur d'éviter la seconde année de droit romain.

Ceux qui ne savent pas que le droit romain vit dans nos lois, bien plus encore que le latin dans notre langue, se demandent à quoi sert l'étude d'une législation qu'on n'applique plus. Le droit romain a contre lui deux grands préjugés, son inutilité apparente et ses difficultés très réelles.

Ce n'est pas devant des professeurs des Facultés de droit qu'il y a lieu de plaider la cause du droit romain et de développer toutes les raisons qui militent en faveur du maintien intégral de son enseignement. Quelques mots suffiront pour démontrer qu'il n'est pas aussi inutile qu'on l'a dit quelquefois.

Nous parvenons difficilement à nous imaginer l'état où serait notre intelligence, les lacunes qui existeraient dans nos idées, les erreurs qui obscurciraient notre jugement, si les études classiques nous avaient manqué. Pareillement, ceux qui ont profité de l'enseignement du droit romain ne se rendent pas toujours un compte exact de ce qu'ils lui doivent, et, comme on l'a dit, de l'énormité d'ignorance à laquelle ils auraient été condamnés, si ce droit ne leur avait pas été enseigné. Nous lui devons, en effet, entre autres profits, un agrandissement d'intelligence, un affinement de nos facultés d'analyse et de notre tact juridique, un équilibre plus parfait de notre esprit. Tous ces progrès se sont insensiblement incorporés à notre être; pour en faire le compte exact, il faudrait pouvoir les en détacher, et la séparation est impossible, puisqu' ils sont une partie de nous-mêmes, aussi bien que les résultats de notre éducation classique.

N'oublions pas non plus que le droit romain facilite l'enseignement de la législation moderne et particulièrement du Code civil. Lorsque cette préparation à laquelle nous sommes habitués viendra à manquer, les professeurs de droit moderne verront avec surprise que leurs leçons ne produisent plus les mêmes fruits, bien qu'ils continuent d'y apporter le même talent, les mêmes qualités d'exposition et la même ardeur.

Le moment est-il bien opportun pour réduire la part faite au droit romain ? En Allemagne, son étude est aussi florissante qu'elle l'a toujours été ; il y a même une recrudescence de zèle. En Italie, se produit un réveil des plus remarquables. L'Angleterre elle-même, si longtemps rebelle, commence à apporter à l'étude des lois romaines le tribut de sa puissante originalité. Nous ne tenons plus le premier rang dans cette science ; diminuer sa part, alors que les autres nations l'augmentent, ce serait s'exposer aux amères critiques ou à la dédaigneuse pitié de l'Europe savante.

Le préjugé tiré de l'inutilité du droit romain n'est que trop secondé dans l'esprit des étudiants par la difficulté très .réelle de son étude. Précisément à cause des qualités intrinsèques qui font sa grandeur, le droit romain est difficile ; mais le profit qu'on retire de son étude est naturellement en raison directe de l'effort qu'elle a nécessité ; une partie de son utilité réside même peut-être dans la nécessité de cet effort.

Enfin les recueils qui nous ont conservé le droit romain classique, les admirables écrits des jurisconsultes latins, s'offrent à nous dans une langue qui semble devenir de moins en moins familière aux bacheliers. Nouvelle source de fatigues, nouvelle cause d'aridités, qui, comme les précédentes, pousseront les étudiants vers la section administrative et les éloigneront de la section juridique.

Mutilé pour les études de licence, le droit romain devra fatalement disparaître du programme du doctorat. Comment, en effet, exiger des licenciés, qui n'auront qu'effleuré le droit romain en première année, qu'ils reviennent à ce droit après deux années d'interruption, qu'ils consacrent plusieurs semestres à son étude et qu'ils écrivent une thèse qui lui sera consacrée ? Il faudra créer un nouveau diplôme de docteur, analogue à celui qui fut proposé en 1878 et dont la Faculté de Lyon fut l'adversaire le plus résolu, ou bien supprimer le premier examen tel qu'il existe aujourd'hui.

Voilà où conduira la bifurcation avec unité de diplôme !

Si, au contraire, en instituant la bifurcation, on institue deux diplômes dont chacun aura sa valeur propre et distincte, il n'y aura plus le même péril pour l'avenir des études juridiques. Mais dans quel personnel se recruteront les étudiants de la section administrative ? Le diplôme correspondant n'ouvrant l'accès d'aucune carrière déterminée jusqu'à présent, et n'étant, par hypothèse, prescrit pour aucune fonction, on verra la presque unanimité des élèves s'inscrire dans la section juridique, alors surtout que, pour la plupart, ils ne se sentiront encore sur les bancs de la Faculté aucune vocation dessinée. On créera peut-être un examen complé-mentaire pour ceux qui s'apercevront, après trois ans, de l'erreur de leur choix. Mais songe-t-on à ceux qui, longtemps après la fin de leurs études, voudraient passer de la carrière administrative dans la carrière judiciaire et devraient revenir, dans la force de l'âge, à ces études qu'on ne s'assimile bien que dans la première jeunesse ?

La bifurcation a donc de graves inconvénients et il faut la repousser. Sans doute, il peut être utile de réagir contre la tendance française qui consiste à emprisonner toutes les intelligences dans un même moule, sans tenir compte de la variété des aptitudes. Mais c'est seulement après la licence que doit venir la direction en divers sens de la jeunesse des Facultés. C'est après l'obtention de ce grade que se place la préparation professionnelle, qui varie de carrière à carrière.

Si l'on insiste pour qu'il y ait unité d'études pendant trois années, ce n'est donc pas pour créer l'uniformité des intelligences, c'est parce qu'il semble que toutes les parties de la science du droit se complètent et s'entr'aident. On doit donner à tous les licenciés un large fonds de connaissances communes, afin que plus tard ils puissent, en dépit de la variété des carrières qu'ils suivront, juger de haut les questions et passer sans trop de difficultés de leur terrain professionnel sur les terrains voisins.

Une dernière objection a été faite au projet ministériel. Les Facultés de droit, a-t-on dit, ont un double caractère ; elles sont des établissements de haut enseignement, distribuant la science pure et désintéressée ; elles sont aussi des écoles d'enseignement professionnel. Dans le monde judiciaire, on leur reproche volontiers de développer outre mesure les études spéculatives, de songer moins à l'instruction professionnelle qu'à l'élévation de l'esprit par une culture générale, historique ou philosophique. Dans le monde universitaire, on leur applique souvent la qualification d'Écoles, pour bien marquer qu'elles distribuent des connaissances immédiatement utilisables dans la vie pratique, et qu'elles sont moins scientifiques que leurs voisines, les Facultés des lettres. Eh bien! contrairement à toutes les prévisions, c'est l'enseignement vraiment scientifique que le projet ministériel diminue ; c'est l'enseignement professionnel qu'il encourage.

Il y a dans les Facultés de droit deux enseignements que l'on doit évidemment faire rentrer dans la science pure : le droit romain et l'histoire du droit français. Chacun d'eux est réduit de moitié. Il en existe un troisième qui présente un côté éminemment scientifique, puisqu'il touche aux problèmes qui intéressent au plus haut point la société : le droit criminel, science sociale, qui se sépare des autres branches du droit par les méthodes auxquelles elle est obligée de recourir. Là encore il y a réduction.

Voilà trois enseignements vraiment scientifiques que le projet sacrifie, pour faire place à la législation financière, à la législation industrielle, à la législation coloniale, etc. Que toutes ces législations soient utiles à connaître pour l'exercice de certaines professions, cela est incontestable. Mais attribuer à leur enseignement un caractère plus scientifique que celui qui appartient à l'histoire du droit, au droit romain et au droit criminel, c'est véritablement aller à l'encontre de la réalité.

Les Facultés de droit, avec leurs enseignements traditionnels, ont pour but de donner à l'esprit la culture à laquelle il devra le sens du droit; les étudiants qui auront reçu cette culture appliqueront ensuite eux-mêmes aux diverses législations, qui les intéresseront particulièrement, les méthodes qui leur auront été inculquées. Si on donne aux Facultés une autre mission, on dénature leur caractère ;

elles cessent, en partie au moins, d'être des établissements vraiment scientifiques. Ce n'est pas, d'ailleurs, en introduisant dans les programmes tout un corps d'enseignements nouveaux portant sur les sciences d'État que l'on formera des licenciés immédiatement en mesure d'entrer, sans préparation pratique, dans les fonctions administratives, diplomatiques ou financières. Les résultats que donne la licence actuelle pour la Magistrature, pour le Barreau et pour les offices ministériels, permettent de deviner quels seront les résultats d'une licence administrative. L'observation est bonne à faire, parce qu'il est très probable que l'expérience répondra très imparfaitement à l'attente des promoteurs de la réforme. Or, il serait souverainement injuste de rendre les Facultés de droit responsables d'un insuccès tenant à la nature même des choses.

Si opposés qu'ils fussent à la bifurcation, nos collègues n'ont pas cependant fait une réponse absolument négative aux propositions de modification qui nous sont soumises. Enclins à reconnaître, avec la circulaire ministérielle, que les programmes actuels ne laissent voir aux élèves qu'un horizon trop limité, ils ont consenti à adjoindre aux enseignements en vigueur d'autres enseignements, dans lesquels divers aspects de la science sociale pourront être exposés. Mais, comme ils ne veulent augmenter sérieusement ni le nombre ni la durée des cours, comme ils tiennent, d'un autre côté, à ce que les enseignements nouveaux soient, ainsi que les anciens, obligatoires pour tous les étudiants et entrent dans le programme des examens, ils consentent à ce que les matières de quelques-uns des anciens enseignements soient présentées sous une forme moins détaillée. Ce qui aura été supprimé, grâce à cet essai de généralisation, et qui méritera cependant d'être approfondi, trouvera ultérieurement place dans des cours spéciaux en vue du doctorat. Ainsi comprise, l'adjonction ne sera pas une surcharge, une cause de fatigue pour les étudiants. Il n'y aura pas plus de lassitude à voir beaucoup de choses, suivant une méthode de synthèse, qu'il n'y en a à en voir un petit nombre en détail.

Ainsi les professeurs de droit romain débarrasseront aisément leur enseignement de détails évidemment inutiles, qu'un programme mal conçu les oblige encore à exposer, détails qui ont contribué à fortifier les préjugés hostiles au droit romain. Si on les autorise, en première année, à tracer à grands traits le tableau de l'évolution historique de ce droit, et, en seconde année, à concentrer leur attention sur un certain nombre de matières, notamment sur celles où nos Codes ont suivi de plus près les traditions romaines, on pourra limiter à deux par semaine le nombre des leçons consacrées en deuxième année au droit romain. Grâce à cette meilleure méthode, qui, depuis près d'un siècle, a fait ses preuves dans les Universités étrangères, l'enseignement regagnera en qualité ce qu'il aura perdu en quantité, et une leçon hebdomadaire se trouvera disponible pour un des nouveaux cours.

De plus, au lieu de distribuer les enseignements nouveaux sous un trop grand nombre de rubriques, ne vaut-il pas mieux les grouper autant que possible dans des cours où les matières connexes seront présentées dans leur ordre et leur corrélation ? On évitera ainsi des redites et des doubles emplois. Cette méthode est recommandable surtout pour les matières administratives, entre lesquelles existe un lien très manifeste. Que l'on fasse pour le droit administratif ce que l'on a fait pour le droit romain; que l'on crée deux chaires. Chacun des professeurs exposera les législations constitutionnelle, administrative et financière. Il prendra les élèves en deuxième année, et, pour continuer l'exposé et le développement de son programme, il les suivra en troisième année.

Le cours de droit commercial peut comprendre à la fois le croit commercial et le droit industriel. Cette réunion de matières, déjà réalisée dans quelques pays, notamment en Allemagne, est possible, sans amener une trop grande condensation d'études, et elle s'accomplit logiquement, d'elle-même, en quelque sorte sans effort. Une expérience faite à Lyon l'a péremptoirement démontré.

Le cours de droit international privé peut être supprimé, avec la certitude acquise que chaque professeur, dans sa propre spécialité, traitera les questions qui résultent des conflits de législations.

L'histoire générale du droit français peut être restreinte à l'histoire du droit externe et limitée à un semestre ; le semestre laissé disponible sera consacré au droit des gens ou droit international public.

Avec ces modifications, restrictions et additions, le programme de la licence en droit pourrait être tracé comme il suit :

1re ANNÉE.

Droit romain, partie générale ;
Droit civil, première partie ;
Économie politique ;
Histoire générale du droit (1er semestre) ;
Droit des gens (2e semestre).

2e ANNÉE.

Droit romain, partie spéciale (deux leçons par semaine) ;
Droit civil, deuxième partie ;
Droit administratif, première partie ;
Procédure civile ;
Économie et législation coloniales (une leçon par semaine);

3e ANNÉE.

Droit civil, troisième partie ;
Droit commercial et industriel ;
Droit administratif, deuxième partie;
Droit criminel.

Aux défenseurs d'un programme unique, uniforme pour tous, indivisible, la majorité de la Faculté de droit de Lyon a objecté que, quel que fût ce programme, il ne satisferait ni ceux qui veulent maintenir dans son intégrité l'enseignement véritablement juridique, ni ceux qui plaident pour l'introduction, à côté des anciens cours, de cours nouveaux consacrés aux sciences politiques et administratives. Les premiers demanderont pourquoi l'on supprime l'une des leçons du deuxième cours de droit romain, pourquoi l'on réduit l'enseignement du droit commercial, etc. Les seconds trouveront que la satisfaction qui leur est accordée est trop minime.

Pourquoi donc s'effrayer d'une diversité dans la préparation théorique donnée à des jeunes gens qui se destinent à des carrières aussi différentes que le sont, par exemple, l'Administration et la Magistrature ? De même que, dans les Facultés des lettres, il a fallu renoncer à l'unité des études qui autrefois conduisaient à la licence, et se résigner à éliminer des anciens programmes des études, cependant fort utiles, pour trouver une place à d'autres études, jugées nécessaires, de même, dans les Facultés de droit, il faut consentir, pour un groupe d'élèves, à des sacrifices, si pénibles qu'ils soient. Il est matériellement impossible de faire aux sciences politiques et administratives la place à laquelle leur importance leur donne droit, si l'on ne veut pas opérer, dans le programme actuel, pour les candidats aux fonctions administratives, quelques suppressions, celles qui seront jugées les moins préjudiciables.

Mis aux voix, le premier contre-projet n'a réuni que quatre suffrages. Neuf de nos collègues se sont prononcés contre lui. Il convient toutefois d'observer que, parmi ceux qui l'ont repoussé, il en est qui l'ont déclaré préférable au projet ministériel, mais qui, se réservant de soutenir les autres contre-projets, n'ont pas voulu lui donner une approbation immédiate, dont l'effet aurait pu être, si une majorité se fût formée, de couper court à toute discussion ultérieure.

II.

A côté du système proposé par M. le Ministre, il y aurait place pour un autre système que l'on pourrait appeler système de l'équivalence. Voici en quoi il consisterait. Les étudiants ne seraient pas, comme dans le projet ministériel, divisés en deux groupes, formant l'un la section juridique, l'autre la section politique ou administrative. Il y aurait unité d'études, et, par conséquent, l'unité de diplôme ne rencontrerait pas les objections qui lui ont été faites. Seulement les étudiants seraient, à l'avance, autorisés à remplacer, individuellement, un ou même deux des cours réglementaires d'une année par un ou deux autres cours ayant pour eux plus d'utilité, plus d'importance, ou même plus d'attraits. La substitution d'un enseignement à un autre, pour donner satisfaction à des convenances personnelles, ne serait pas toutefois abandonnée aux caprices des intéressés. Elle serait réglementée, soit par le Conseil supérieur de l'Instruction publique, soit par les Assemblées des Facultés, qui détermineraient limitativement pour quels cours l'équivalence d'autres cours serait admise.

Ainsi, pour prendre un exemple, les étudiants de deuxième année devraient, en principe, suivre un cours de droit civil français, un cours de droit romain, un cours de droit criminel et un cours de droit administratif ; mais ils seraient, par mesure générale, autorisés à substituer, individuellement, au cours de droit romain, si ce cours leur semblait superflu, un cours de science et de législation financières, sans être astreints, à partir de cette époque, comme ils le sont par le projet ministériel, à suivre toute une série de cours dits politiques ou administratifs, et à renon-

2

cer à d'autres cours d'un caractère plus juridique. De même dans la troisième année, un futur magistrat, qui aurait soigneusement étudié le droit civil, dans lequel, par la force même des choses, rentrent presque toutes les questions de droit international privé, pourrait être autorisé à remplacer le cours de droit international par un cours de législation industrielle, ou bien par un cours d'économie et de législation coloniales.

Il n'y aurait donc pas deux types d'études parallèles, l'un préparé pour les futurs avocats ou les futurs magistrats, l'autre à l'adresse des futurs administrateurs. Il y aurait seulement un certain nombre de cours obligatoires pour tous les étudiants sans exception et d'autres cours entre lesquels une option serait offerte aux élèves. Les jeunes gens, par conséquent, ne seraient pas obligés, en choisissant un type déterminé, de préjuger, dans une certaine mesure, la carrière qu'ils embrasseront un jour. Le choix aurait un effet limité aux deux enseignements, déclarés équivalents, entre lesquels il aurait porté.

Ne voit-on pas quelque analogie entre ce que nous proposons pour les étudiants en droit et ce qui est déjà pratiqué dans les établissements d'enseignement secondaire ? Tous les élèves d'une même classe reçoivent, en principe, les mêmes leçons ; exceptionnellement, ils sont autorisés à suivre des leçons différentes ; pendant que les uns se groupent autour d'un professeur d'allemand, d'autres vont trouver des professeurs d'anglais, d'italien ou d'espagnol.

Avec le système de l'équivalence, les programmes de licence auraient une élasticité que l'on ne rencontre pas dans les autres systèmes. Rien n'empêcherait de donner satisfaction aux besoins particuliers de chaque étudiant et même aux besoins propres à une région déterminée, sans cependant compromettre les intérêts d'une bonne éducation juridique. Le tableau des cours entre lesquels l'équivalence serait admise pourrait d'ailleurs être restreint, étendu, modifié, d'après les données de l'expérience, sans aucun trouble dans l'organisation des services d'une Faculté.

Les adversaires du projet ministériel ont jugé que le système de l'équivalence offrait pour le droit romain encore plus de dangers que tous les autres systèmes. Le cours de droit romain de deuxième année, ont-ils dit, figurera presque certainement sur la liste des cours pour lesquels une équivalence sera admise. Or il est à craindre que tous ou presque tous les étudiants n'usent de la faculté qui leur sera offerte d'abandonner l'exégèse des textes et de suivre des leçons plus attrayantes ; le professeur de droit romain n'aura plus d'auditeurs en seconde année, tandis que, avec le projet ministériel, quelques élèves seront arrêtés dans leurs désirs de ne faire qu'une seule année de droit romain par la perspective de perdre le titre d'élèves de la section juridique et de devenir élèves de la section administrative.

Mis aux voix, le système de l'équivalence n'a obtenu que cinq suffrages ; huit membres de l'Assemblée ont voté contre lui.

En prévision de cet insuccès et pour le cas où le système de la bifurcation devrait prévaloir, l'auteur de la proposition demandait que l'option exercée par un élève de seconde année pour l'une ou pour l'autre des sections ne fût pas irrévocable. Si, par exemple, un élève de deuxième année, après avoir suivi, pendant un an, les cours de la section administrative, reconnaissait qu'il s'est trompé sur ses aptitudes, ou bien se sentait appelé à quelque fonction judiciaire, n'y aurait-il pas avantage à lui permettre de revenir, au commencement de la troisième année, vers la section juridique ? Le choix fait par l'étudiant entre les deux types d'études ne vaudrait donc que pour une année et n'aurait rien de définitif. En adoptant ce tempérament, on ferait disparaître l'une des plus graves objections des adversaires du projet ministériel ; on écarterait, en effet, les dangers inhérents à une option imposée à un jeune homme dont la vocation peut être indécise, dangers redoutables si le choix doit influer sur la vie tout entière, et fort atténués par l'espérance de corriger l'erreur dès qu'elle sera découverte.

Mais, après quelque hésitation, la majorité a encore émis un vote contraire à la proposition. L'abandon du deuxième cours de droit romain serait, a-t-on dit, la conséquence très naturelle de cette faculté de changement accordée aux étudiants. Les élèves, qui, pour la plupart, ne comprennent pas de quelle utilité est le droit romain pour la formation de l'esprit juridique, profiteront presque tous, d'accord avec leurs familles, de la latitude à eux accordée de faire leur deuxième année dans la section administrative, sauf à rentrer en troisième année dans la section juridique. En d'autres termes, il arriveront à la licence, non pas en suivant la ligne droite, mais avec un détour, qu'il n'y a pas lieu de favoriser.

Un amendement, d'après lequel le passage d'une section dans l'autre, après l'option, serait subordonné à une autorisation préalable de la Faculté, n'a pas rendu la majorité plus favorable à la proposition. Quel serait donc le rôle de la Faculté lorsque l'étudiant s'adresserait à elle ? Elle examinerait la valeur des raisons alléguées pour justifier le changement de section. Ne serait-elle pas exposée à juger les aptitudes et les vocations des élèves ? Il y aurait, dans une appréciation si délicate, des chances de responsabilité auxquelles il ne convient pas de s'exposer.

Des discussions qui se sont engagées sur ces diverses propositions, principales ou subsidiaires, il résulte bien que, dans la pensée de la Faculté de droit de Lyon, l'option que les étudiants devront exercer au commencement de leur deuxième année sera définitive. L'élève qui se sera inscrit dans la section administrative devra, jusqu'à la licence inclusivement, suivre les cours de cette section. Réciproquement, l'élève inscrit dans la section juridique devra, jusqu'à la licence, rester fidèle à la section juridique.

Avec l'unité du diplôme, les inconvénients pratiques sont peu sensibles. Mais, au point de vue scientifique, quel avantage y a-t-il à enchaîner l'étudiant à des études qui lui paraissent maintenant inutiles ?

III.

Cinq de nos collègues se sont déclarés favorables à un contre-projet, qui adopte l'idée fondamentale du projet ministériel, c'est-à-dire deux programmes d'études différents, entre lesquels les aspirants à la licence auront à choisir, l'un donnant plus d'importance au droit privé, l'autre faisant une part plus large aux sciences politiques et administratives. Mais ce contre-projet s'écarte de la circulaire ministérielle en ce sens qu'il se refuse à admettre l'unité de diplôme. Chacune des deux séries d'études sera sanctionnée par un diplôme spécial ; le diplôme de licencié en droit ou ès sciences juridiques sera exigé particulièrement pour l'exercice des fonctions d'ordre judiciaire, telles que celles d'avocat, de magistrat, etc. ; l'autre, le diplôme de licencié en droit public ou ès sciences administratives, trouvera naturellement son emploi dans les diverses carrières administratives à l'entrée desquelles on exige ou l'on exigera le grade de licencié, par exemple pour les candidats aux fonctions de conseiller de préfecture, d'inspecteur des finances, de commissaire de la marine, etc.

Les défenseurs de ce contre-projet sont d'accord avec les adversaires du projet ministériel pour nous mettre en garde contre les dangers d'une réforme qui permettrait à tous les aspirants à la licence de réduire de moitié leurs études de droit romain, de procédure civile et de droit criminel, pour s'adonner à d'autres études, comme celle du droit des gens ou de la science financière ; études fort intéressantes sans doute, mais qui sont moins efficaces que les premières pour la formation de l'esprit juridique. Une liberté d'option entre les divers objets de l'enseignement supérieur ne peut être admise, comme elle l'est dans certains pays, qu'à la condition de se combiner avec le système des examens d'État ; là où ces examens ne sont pas établis, elle pourrait aboutir à faire abandonner les ordres d'enseignement propres à former les jurisconsultes par ceux-là mêmes qui doivent exercer des fonctions pour lesquelles le développement de l'esprit juridique est presque indispensable. Il importe de laisser au programme actuel un caractère obligatoire pour ceux qui se destinent aux carrières d'ordre judiciaire, afin que les études d'ordre juridique ne soient pas amoindries.

Mais on doit reconnaître en même temps que, pour ceux qui ont en vue des carrières administratives, il n'y a aucun inconvénient à leur permettre d'étudier d'une manière moins complète le droit romain, la procédure civile, le droit pénal, et qu'il y a tout avantage à les encourager à acquérir en matière administrative des connaissances plus étendues.

Les auteurs du contre-projet se rallient donc aux partisans du projet ministériel pour montrer tous les avantages d'ordre scientifique qu'il y aurait à constituer dans les Facultés de droit, non pas une école d'administration destinée à former des fonctionnaires, mais un enseignement théorique, embrassant l'ensemble des sciences politiques, administratives, économiques, et comprenant un grand nombre de cours pour l'étude des diverses parties dont ces sciences se composent. Ceux qui repoussent le projet ministériel, en demandant seulement qu'on accroisse dans une mesure nécessairement restreinte les matières administratives obligatoires pour la licence, rendent en définitive impossible l'organisation d'un tel enseignement. Ils réduisent la question à une question de programme d'examen. Ils négligent le côté élevé, le côté scientifique de la proposition de M. le Ministre, qui veut faire de nos Facultés des centres scientifiques plus importants, en y introduisant cet enseignement des sciences, dites camérales, auxquelles les Universités étrangères font une place de plus en plus grande. Si nous répondions à cette offre par une fin de non-recevoir, ne justifierions-nous pas, jusqu'à un certain point, le reproche qu'on nous adresse parfois, bien à tort sans doute, de limiter notre tâche à la distribution d'une sorte d'enseignement professionnel? La place de l'enseignement des sciences politiques et administratives n'est-elle pas naturellement marquée dans les Facultés de droit? La seule objection vraiment sérieuse est tirée du tort que cette invasion des sciences nouvelles pourrait faire aux études juridiques. Or, le contre-projet écarte précisément cette objection, puisqu'il laisse intacte la préparation actuelle aux fonctions d'ordre juridique, tout en organisant un enseignement large et complet des sciences sociales.

Toutefois, comme il ne convient pas de creuser, entre les deux catégories d'études et de fonctions, un fossé infranchissable, le contre-projet organise un quatrième examen, complémentaire et facultatif, à l'usage de ceux qui voudront se réserver le droit de passer des fonctions administratives dans les fonctions judiciaires, ou *vice versa*. Le programme de ce quatrième examen variera suivant qu'il s'agira d'un licencié ès sciences juridiques ou d'un licencié ès sciences politiques et administratives. Il aura pour objet, dans le premier cas, les matières spéciales à la licence administrative; dans le second cas, les matières spéciales à la licence juridique, en un mot l'enseignement auquel le candidat sera demeuré étranger durant ses trois années d'études. Ce dernier examen sera la consécration d'études de licence absolument complètes, embrassant toutes les matières enseignées aussi bien pour la licence en droit privé que pour la licence en droit public; elles auront été seulement étudiées dans un ordre différent de l'ordre régulier. Le candidat

obtiendra avec le titre de licencié *in utroque jure* le droit
d'accéder à tous les emplois pour lesquels l'une quelconque
des deux licences est exigée.

Pour compléter cette organisation et la fondre avec celle
du doctorat, les auteurs du contre-projet ont proposé de
faire de l'examen de licence *in utroque jure* le premier de-
gré à franchir pour conquérir le titre de docteur. Cette nouvelle épreuve pouvant remplacer avantageusement le troisième examen actuellement imposé aux aspirants au doctorat, celui qui porte sur le droit constitutionnel et sur
certaines matières laissées au choix du candidat, le nombre
des épreuves échelonnées entre la licence et le doctorat ne
serait pas accru.

La majorité a objecté aux auteurs du contre-projet qu'il y a
déjà beaucoup de diplômes et qu'il ne paraît'pas absolument
nécessaire d'en grossir encore le nombre. Est-il d'ailleurs
bien facile d'établir une ligne de démarcation entre les fonctions pour lesquelles serait exigée la licence administrative
et les fonctions auxquelles conviendrait mieux la licence
judiciaire ? Que demanderait-on, par exemple, aux employés
d'une administration publique qui fournit un assez large
contingent d'étudiants en droit, l'Administration de l'enregistrement et des domaines ? Les dissentiments qui se sont
produits dans l'Assemblée de la Faculté de Lyon, lorsque
cette question a été posée, prouvent combien la réponse est
difficile. L'opinion de la majorité a même paru être en ce
sens que les receveurs de l'enregistrement, bien que fonctionnaires de l'ordre administratif, ont bien plutôt besoin de
fortes études juridiques que d'études administratives. Il en
sera de même pour d'autres administrations. Si le diplôme
nouveau dont on propose la création ne convient qu'à un
très petit nombre de carrières, il ne sera pas recherché, et
le but poursuivi, le développement des sciences dites camérales, ne sera pas atteint.

Il faut aussi tenir compte du grave inconvénient qu'offrirait dans la pratique, au bout de quelques années, la division des licenciés en droit en deux groupes, les uns aptes seulement à remplir des fonctions judiciaires, les autres aptes seulement à remplir des fonctions administratives, alors que la ligne de démarcation entre les deux ordres de fonctions est si peu apparente. Bien des raisons peuvent rendre désirable un changement de carrière, et ce changement sera bien difficile si le licencié n'est plus à l'âge où l'on suit sans effort les cours des Facultés et où l'on affronte les examens sans trop d'embarras.

Les défenseurs du contre-projet ont répondu qu'il serait toujours facile d'éviter cet inconvénient en sortant de la Faculté muni du diplôme de licencié *in utroque jure ;* ils ont ajouté que les changements de fonctions dont on se préoccupe sont toujours assez rares et qu'ils se produisent dans des circonstances telles qu'ils ne doivent pas suffire pour faire repousser la nouvelle organisation des études, si en elle-même elle est bonne et présente d'incontestables avantages. Il n'arrive pas fréquemment qu'on sorte des fonctions administratives pour entrer dans la magistrature ou dans le barreau. Ce qu'on voit plus souvent, ce sont des membres de la magistrature et surtout du barreau qui acceptent des fonctions administratives. Mais la plupart des fonctions auxquelles ils aspirent, celles de préfet ou de sous-préfet, par exemple, n'exigent aucun diplôme. Lors même qu'elles nécessiteraient l'acquisition de la licence administrative, cette nécessité pousserait les jeunes avocats à prendre l'habitude, pendant leur première année de stage, de suivre quelques cours en vue du quatrième examen proposé. Ils consacreraient à l'École une partie du temps qu'ils passent dans la salle des Pas-Perdus !— Mais nous voilà ramenés à la quatrième année de licence que nous désirions éviter ; année facultative, il est vrai ! On pourra, à la rigueur, dire que trois ans suffisent pour se préparer soit aux fonctions de l'ordre judiciaire, soit aux fonctions de l'ordre administratif. Mais, en fait, une quatrième année d'études complémentaires aura été imposée à tous ceux qui auront l'ambition d'être déclarés aptes à remplir les fonctions des deux ordres.

Quelques-uns de nos collègues ont même exprimé la crainte que l'adoption du contre-projet n'ait pour résultat de tuer dans son germe l'enseignement nouveau qu'il s'agit d'organiser ou tout au moins de développer. Il y a beaucoup plus de candidats aux fonctions d'ordre judiciaire que de candidats à des fonctions administratives pour lesquelles le diplôme de licencié soit requis. Par une conséquence tout à fait rationnelle, il y aura un très grand nombre d'aspirants à la licence ès sciences juridiques et très peu d'aspirants à la licence ès sciences politiques et administratives. La section nouvelle, ayant une clientèle fort restreinte, ne sera-t-elle pas exposée à périr faute d'adhérents ?

Les auteurs du contre-projet ont répondu que, dans les Facultés les plus importantes, il y aura toujours un nombre d'élèves suffisant pour assurer l'avenir des cours consacrés à la licence administrative. Il est probable, en effet, que le gouvernement exigera le grade de licencié pour un plus grand nombre de fonctions administratives, et que, là-même où il n'exigera pas le grade, il attachera certains avantages à la possession du diplôme. Mais, avec le contre-projet tel qu'il est présenté à la Faculté et sans rien changer aux conditions actuelles, les cours propres à la licence administrative auront pour auditeurs, non seulement les aspirants aux fonctions administratives, mais encore : 1° tous les candidats au doctorat, puisque les licenciés ès sciences juridiques qui voudront devenir docteurs devront étudier pendant une année les matières exclusivement propres à la licence administrative ; 2° tous les licenciés qui, sans aspirer au doctorat, se proposeront de prendre le grade de licencié *in utroque jure*, pour pouvoir exercer à leur choix des fonctions d'ordres divers ; 3° les auditeurs libres que la création de ce genre d'enseignement pourra susciter dans une ville telle que

Lyon. La vie du nouvel enseignement ne sera donc pas compromise parce qu'on aura enlevé à des jeunes gens qui veulent exercer des fonctions judiciaires, la faculté assez singulière de s'y préparer par des études administratives.

Sans se dissimuler la valeur des réponses faites à leurs objections, huit membres de l'Assemblée se sont prononcés contre l'institution d'une nouvelle licence; quel que soit le nom qu'on lui donne, quelles que soient les prérogatives qu'on lui accorde, ils sont convaincus qu'elle aurait dans la pratique beaucoup plus d'inconvénients que d'avantages.

IV.

Tous les contre-projets ayant été successivement écartés, il n'y avait plus pour la Faculté de Lyon qu'à voter sur le principe même du projet ministériel : Création de deux types d'études, différents sur plusieurs points, mais ayant assez de contacts pour justifier la délivrance d'un diplôme unique de licencié en droit.

Il est inutile d'exposer les raisons qui militent en faveur du projet et les objections qui peuvent lui être adressées. Les unes et les autres, déjà indiquées dans la circulaire du 12 janvier 1889, ont été suffisamment développées à l'occasion des divers contre-projets dont nous avons d'abord parlé. Il convient seulement de bien préciser qu'un diplôme unique n'implique pas nécessairement l'identité absolue des études. Il suffit, pour que son unité soit justifiée, que tous les porteurs de ce diplôme aient reçu un fonds commun de connaissances. Or, si l'on examine attentivement le programme des cours que suivront les élèves de la section administrative, on reconnaîtra qu'il n'y manque rien de ce qui figurait, il y a trente-cinq ans, dans le programme obligatoire pour la licence en droit. Tous les cours que suivaient alors les futurs licenciés sont maintenus, puisqu'on supprime seulement la seconde année de droit romain, qui n'a été créée qu'en 1853, et qu'on ramène à leur ancienne durée les cours de procédure civile et de droit criminel. Il restera même plus de cours communs qu'il n'y en avait il y a quinze ans.

Est-il aussi imprudent qu'on l'a dit d'ouvrir l'accès des deux grandes carrières judiciaires, la Magistrature et le Barreau, à des hommes qui n'auront étudié, d'une part le droit criminel, d'autre part la procédure civile, que pendant un semestre ? Le temps n'est pas éloigné où, dans presque toutes les Facultés, un seul et même professeur était chargé d'enseigner en une année la procédure civile et la législation criminelle. C'est en 1877 seulement que la séparation des deux enseignements, déjà accomplie dans quelques Facultés, notamment à Lyon, a été généralisée. Constate-t-on que les licenciés reçus avant 1877 soient, sous le rapport de la procédure civile ou criminelle, dans une situation d'infériorité très marquée à l'égard des licenciés de date plus récente? Reconnaissons, si on le veut, qu'il y a quelque infériorité ; mais gardons-nous bien de l'exagérer.

A moins de déclarer que le cadre des études juridiques est irrévocablement fixé et qu'il ne pourra plus recevoir aucune modification, il faut bien se résigner, de temps à autre, à faire une place à quelque étude nouvelle dont les circonstances montrent la nécessité, et, comme les programmes n'ont plus l'élasticité qu'ils avaient encore naguère, la place recherchée ne peut être obtenue qu'aux dépens des études plus anciennes. Ce sacrifice inévitable causera toujours quelque peine et laissera de vifs regrets ; mais il ne sera blâmable que s'il a lieu sans modération et sans prudence.

En résumé, après de longues délibérations, la Faculté de

droit de Lyon, par huit suffrages contre cinq, sur treize exprimés, a émis un avis favorable à la proposition de M. le Ministre.

Certaines modifications pourraient toutefois être apportées, dans l'intérêt d'une bonne distribution de l'enseignement, à la répartition proposée par M. le Ministre des divers cours entre les trois années d'études.

La Faculté de Lyon accepte, sans y rien changer, le programme ministériel pour la première année. Elle est même heureuse de constater qu'il donne satisfaction à un vœu, que, dans l'enquête de 1880, elle avait exprimé à l'unanimité, mais qui fut alors repoussé sans discussion. Le cours d'économie politique se rattache par des liens très étroits au cours de philosophie suivi par les élèves des Lycées pendant la dernière année de leurs études classiques, puisque, dans les progammes du 2 août 1880 et du 22 janvier 1885, on lit que les professeurs de philosophie traiteront des rapports de la morale et de l'économie politique, et qu'ils exposeront sommairement les principes sur la production, la circulation, la distribution et la consommation des richesses. Le cours professé à la Faculté est le développement du cours professé au Lycée; il ne doit pas en être séparé par un long intervalle. Sa place est donc bien en première année. — Pour le droit romain, il semble à la Faculté que le titre « Droit romain, cours général » doit être préféré au titre « Droit romain considéré surtout comme introduction à l'étude du droit français ».

Pour la deuxième et pour la troisième année, il y a lieu à des changements notables.

La plus importante des modifications proposées par la Faculté de Lyon consiste dans une transposition des deux cours de procédure civile et de droit criminel. Le professeur chargé d'enseigner la procédure civile demande avec instance que son cours soit compris dans la troisième année d'études ; il pourra, grâce à ce changement, exposer avec plus de facilité à ses auditeurs les diverses voies d'exécution, dont plusieurs sont malaisées à comprendre pour des élèves encore étrangers à la matière des privilèges et des hypothèques. Une seule objection a été faite : Convient-il de laisser pendant deux années entières les élèves dans l'ignorance de l'organisation de la justice ? Mais il a été répondu que des notions suffisantes d'organisation judiciaire seraient certainement données dans le cours de droit constitutionnel, dès la première année d'études, et cette réponse a paru satisfaisante.

Quant au cours de droit criminel, l'expérience a démontré qu'il peut être indifféremment placé dans l'une ou dans l'autre des trois années d'études. On aurait pu, sans inconvénients, lui laisser la place qu'il occupe en ce moment. A plus forte raison peut-il être imposé à des élèves de deuxième année.

Pour la section administrative, la Faculté de Lyon propose, par les raisons mêmes qui viennent d'être indiquées, de rejeter en troisième année le cours semestriel de procédure civile, et de le remplacer par un cours semestriel d'économie et de législation coloniales. Ce cours, qui est le complément naturel du cours d'économie politique et du cours de droit administratif, peut être déclaré obligatoire et convient bien à la fin de la seconde année. Le professeur s'adressera alors à des élèves initiés à l'économie politique et à l'administration. Mais, tout en se montrant très favorable à ce nouvel enseignement, la Faculté estime qu'il y aurait exagération à lui consacrer une année entière, comme le veut le projet. Une cinquantaine de leçons seront plus que suffisantes pour donner aux deux sciences réunies les développements qu'elles comportent.

En troisième année, la Faculté propose d'obliger tous les étudiants à suivre un cours semestriel de droit des gens général. Le temps nécessaire à son étude sera pris sur le droit international privé, auquel, en l'état actuel, les professeurs ne consacrent guère plus de soixante leçons. Rien ne sera plus aisé, en faisant du cours de droit international un cours à trois leçons par semaine, que de laisser au droit privé son importance actuelle et de trouver une quarantaine de leçons pour le droit public.

Parmi les cours semestriels entre lesquels une option sera accordée aux élèves de la section administrative, la Faculté de Lyon propose d'inscrire le cours de législation commerciale comparée. L'expérience de plusieurs années a montré quel intérêt cet enseignement peut avoir dans une région essentiellement commerçante.

Si les propositions de la Faculté de droit de Lyon sont admises, tous les élèves de la section administrative suivraient en commun quatre cours : le droit civil, le droit commercial, la procédure civile et le droit des gens général. Pour les deux autres cours, ils se subdiviseraient en deux groupes. A ceux qui se destinent aux carrières commerciales, la législation industrielle et la législation commerciale comparée seraient naturellement indiquées ; les futurs administrateurs choisiraient de préférence le droit administratif approfondi et le droit des gens approfondi. Sans doute, l'option serait parfaitement libre, mais la raison même guiderait les intéressés dans la voie que nous indiquons.

Les divers amendements qui précèdent sont résumés dans le tableau suivant :

DISTRIBUTION DE L'ENSEIGNEMENT

1re Année

1o Droit romain, cours général (annuel).
2o Droit civil (annuel).
3o Économie politique (annuel).
4o Histoire du droit public français (1er semestre.)
5o Droit constitutionnel (2e semestre).

2e Année

1o Droit civil (annuel).[1]
2o Droit administratif (annuel).

3o Droit romain (annuel).	3o Science et législation financières (annuel).
4o Droit criminel (annuel).	4o Droit criminel (1er semestre).
	5o Économie et législation coloniales (2e semestre).

3e Année

1o Droit civil (annuel).
2o Droit commercial (annuel).
3o Droit des gens général (1er semestre).

4o Procédure civile (annuel).	4o Organisation judiciaire et procédure civil (1er semestre).
5o Droit international privé (2e semestre).	5o et 6o Législation industrielle (2e semestre). Législation commerciale comparée (2e semestre). Droit administratif approfondi (2e semestre). Droit des gens approfondi (2e semestre).

MESURES TRANSITOIRES

La Faculté de Lyon a examiné la question de savoir dans quelle mesure le nouveau programme pourrait être appliqué pendant les prochaines années scolaires, et voici à quels résultats elle est arrivée.

Les étudiants qui prendront leur première inscription en novembre 1889, seront évidemment soumis au nouveau régime. Ils devront par conséquent suivre, tous sans exception :

1º Le cours de droit romain général ;
2º Le cours de droit civil, première partie ;
3º Le cours d'économie politique ;
4º Le cours d'histoire du droit public français ;
5º Le cours de droit constitutionnel.

Les étudiants, qui prendront leur cinquième inscription en novembre 1889, devront tous suivre :

1º Le cours de droit civil, deuxième partie ;
2º Le cours de droit romain, deuxième partie, professé encore suivant le programme actuellement en vigueur ; ces étudiants ne connaissent, en effet, que les matières traitées dans les deux premiers livres des Institutes ; il est impossible de ne pas leur faire étudier les deux derniers livres ;
3º Le cours d'économie politique, qu'ils suivront concurremment avec les élèves de première année ;
4º Le cours de procédure civile.

Enfin, les étudiants,qui prendront leur neuvième inscription en novembre 1889, suivront :

1° Le cours de droit civil, troisième partie ;
2ⁿ Le cours de droit commercial ;
3° Le cours de droit administratif ;
4° Le cours de droit des gens général.

Ceux qui opteront pour la section judiciaire suivront le cours de droit international privé.

Ceux qui opteront pour la section administrative pourront avoir le choix entre un cours de législation industrielle et un cours de droit administratif approfondi.

Pendant l'année scolaire 1890-1891, les élèves des deux premières années seront soumis au nouveau régime, les élèves de troisième année seront dans la même situation que leurs devanciers de 1889-1890.

Enfin, pendant l'année scolaire 1891-1892, le nouveau programme s'appliquera aux élèves des trois années.

Dans les tableaux qui suivent, la Faculté de Lyon a réussi à démontrer que, lors même qu'elle n'obtiendrait, jusqu'à la mise en vigueur de la réforme tout entière, aucun accroissement de son personnel enseignant, elle est parfaitement en mesure de distribuer tous les enseignements nouveaux. S'il le fallait même, tous les cours projetés auraient, dès le mois de novembre 1889, leur place dans la Faculté de Lyon, puisque les professeurs sont déjà nominativement désignés.

Dans le cas probable où le projet ne recevrait son exécution que successivement et conformément à nos propositions, la dépense nouvelle qui résulterait de sa mise en pratique serait de 2,000 francs pour la première année, de 8,500 francs pour la seconde, de 12,500 francs pour la troisième. Mais une part notable des ressources nécessaires serait fournie par la subvention que la ville de Lyon alloue à la Faculté pour cours complémentaires.

PROGRAMME POUR 1889-1890

1re Année

1º Droit romain général (annuel) : M. Audibert.
2º Droit civil, 1re partie (annuel) : M. Flurer.
3º Économie politique (annuel) : M. Rougier.
4º Histoire du droit public français (semestriel) : M. Leseur.
5º Droit constitutionnel (semestriel) : M. Audibert.

2e Année

1º Droit romain, 2e partie (annuel) : M. Appleton.
2º Droit civil, 2e partie (annuel) : M. Mabire.
3º Économie politique (annuel) : M. Rougier.
4º Procédure civile (annuel) : M. Cohendy.

3e Année

1º Droit civil, 3e partie (annuel) : M. Caillemer.
2º Droit commercial (annuel) : M. Thaller.
3º Droit administratif (annuel) : M. Énou.
4º Droit des gens général (semestriel) : M. Leseur.

5º Droit international privé (semestriel) : M. Sauzet.

5º Option entre : Droit administratif approfondi (semestriel): M. Garraud, et Législation industrielle (sem.) : M. Sauzet.

L'application du nouveau programme n'entraînera aucune dépense nouvelle : les crédits actuellement existants et deux mille francs pris sur la subvention pour les cours municipaux suffiront pour rémunérer tous les chargés de cours à raison de 1,500 francs par cours semestriel, et de 2,000 fr. par cours annuel.

PROGRAMME POUR 1890-1891

1re Année

1º Droit romain général (annuel) : M. Appleton.
2º Droit civil, 1re partie (annuel) : M. Caillemer.
3º Économie politique (annuel) : M. Rougier.
4º Histoire du droit public français (semestriel) : M. Leseur.
5º Droit constitutionnel (semestriel) : M. Audibert.

2e Année

1º Droit civil, 2e partie (annuel) : M. Flurer.
2º Droit administratif (annuel) : M. Énou.

3º Droit romain spécial (annuel) : M. Audibert.

3º Science et législation financières (annuel) : M. Berthélemy.

4º Droit criminel (annuel) : M. Garraud.

4º Droit criminel (semestriel) : M. Garraud.

5º Économie et législation coloniales (semestriel) : M. Rougier.

3e Année

1º Droit civil, 3e partie (annuel) : M. Mabire.
2º Droit commercial (annuel) : M. Thaller.
3º Droit administratif (annuel) : M. Énou.
4º Droit des gens général (semestriel) : M. Leseur.

5º Droit international privé (semestriel) : M. Sauzet.

5º Option entre : Droit administratif approfondi (semestriel) : M. Énou, et Législation industrielle (semestriel) : M. Sauzet.

Crédit nécessaire : 5,500 francs, plus 3,000 francs pris sur la subvention pour cours municipaux, total : 8,500 fr.

PROGRAMME POUR 1891-1892

1re Année

1º Droit romain général (annuel) : M. Audibert.
2e Droit civil, 1re partie (annuel) : M. Mabire.
3º Économie politique(annuel) : M. Rougier.
4º Histoire du droit public français(semestriel) : M. Leseur.
5º Droit constitutionnel (semestriel) : M. Audibert.

2e Année

1º Droit civil, 2e partie (annuel) : M. Caillemer.
2º Droit administratif (annuel) : M. Énou.

3º Droit romain spécial(annuel) : M. Appleton.

3º Science et législation financières (annuel) : M.Berthélemy.

4º Droit criminel (annuel) : M. Garraud.

4º Droit criminel (semestriel) : M. Garraud.

5º Économie et législation coloniales (semestriel) : M. Rougier.

3e Année

1º Droit civil, 3e partie (annuel) : M. Flurer.
2º Droit commercial (annuel) : M. Thaller.
3º Droit des gens général (semestriel) : M. Sauzet.

4º Procédure civile (annuel) : M. Cohendy.

4º Procédure civile (semestriel) : M. Cohendy.

5º Droit international privé (semestriel) : M. Sauzet.

5º-6º Option entre les cours semestriels: Législation industrielle : M. Sauzet—Législation commerciale comparée : M. Thaller— Droit administratif approfondi : M. Énou. —Droit des gens approfondi : M. Leseur.

Crédit nécessaire : 7,500 francs, plus 5,000 francs pris sur la subvention pour cours municipaux, total : 12,500 francs.

A ce long compte rendu, que j'ai soumis aujourd'hui même à l'Assemblée de la Faculté et qui a obtenu son approbation, je crois, Monsieur le Recteur, qu'il y a lieu d'ajouter le texte de la délibération du 12 avril dernier, bien que cette délibération vous ait été déjà adressée et que vous l'ayez même transmise à M. le Ministre.

***

EXTRAIT

du registre des délibérations de l'Assemblée de la Faculté de droit de Lyon

Séance du 12 avril 1889.

« La Faculté de droit de Lyon, à l'unanimité, reconnaît qu'il y a lieu de faire, dans les programmes généraux de l'enseignement des Facultés de droit, une part, plus grande qu'elle ne l'est aujourd'hui, au droit public et au droit administratif.

« A la majorité, par huit voix sur treize votants, elle émet un avis favorable au projet ministériel, qui lui a été soumis, d'institution de deux types d'études entre lesquels les aspirants à la licence devront faire un choix à la fin de leur première année de baccalauréat. — L'un de ces types conviendra particulièrement aux jeunes gens qui voudront faire de fortes études juridiques et auront l'ambition d'arriver au doctorat ; il sera également recommandé aux jeunes gens qui se prépareront à des fonctions de l'ordre judiciaire. — L'autre tiendra compte des besoins propres aux jeunes gens qui aspirent à des fonctions administratives ou politiques, ou qui veulent embrasser des carrières commerciales ou industrielles.

« A la même majorité, la Faculté de Lyon estime qu'il ne doit y avoir pour les étudiants des deux groupes qu'un seul et même diplôme. La part faite aux études juridiques dans le programme qu'auront suivi les jeunes gens appartenant à la section politique et administrative paraît assez grande pour justifier le titre de licencié en droit que recevront ces jeunes gens et pour leur permettre de jouir des prérogatives attachées à ce titre. Ils auront, en effet, suivi presque tous les cours que suivaient, il y a une dixaine d'années, les meilleurs étudiants en droit.

« La Faculté de Lyon est toutefois d'avis qu'il y a lieu de modifier sur plusieurs points le programme ministériel de répartition des divers cours entre les deux sections. Voici quelle devrait être, à son avis, la distribution des enseignements communs et des enseignements spéciaux... (Voir *suprà*, page 32.)

« Dans un rapport détaillé, qui sera prochainement adressé à M. le Ministre, la Faculté de Lyon s'efforcera de justifier chacun des changements qu'elle croit devoir apporter au projet ministériel.

« Elle appellera en même temps l'attention de M. le Ministre sur un ensemble de mesures transitoires, qui permettraient de rendre le nouveau régime immédiatement applicable aux étudiants en cours d'études.

« La Faculté de Lyon se déclare prête à organiser, dès le mois de novembre 1889, tous les enseignements qui figurent dans son programme. Elle ne réclamera pour cette organisation, au moins provisoirement, aucune augmentation de son personnel. Elle demandera seulement un crédit supplémentaire de 7,500 francs, qui, joints à diverses allocations municipales, permettront d'accorder à chacun des professeurs ou agrégés chargés de l'un des nouveaux cours des indemnités variant de 1,500 à 2,000 francs.

« La substitution d'un nouveau régime d'études au régime actuellement en vigueur pour les aspirants à la licence ne peut manquer d'influer sur l'organisation du doctorat. La Faculté de Lyon, dans un travail spécial, exposera plusieurs réformes qu'elle juge nécessaires. Elle demandera notamment la suppression du troisième examen, contre lequel elle a toujours protesté et dont l'expérience met en relief tous les inconvénients; mais elle insistera, en même temps, pour que le droit romain et le droit civil français reprennent, dans la préparation du doctorat, toute l'importance qu'ils avaient autrefois.

« Les deux questions relatives à une nouvelle réglementation du certificat de capacité, et à l'institution d'un titulariat attaché à la personne et indépendant de l'enseignement, n'ont pas pour la Faculté de Lyon une grande urgence. La Faculté se réserve de les examiner ultérieurement. »

Veuillez agréer, Monsieur le Recteur, l'assurance de mon profond respect.

Le Doyen de la Faculté,

E. CAILLEMER

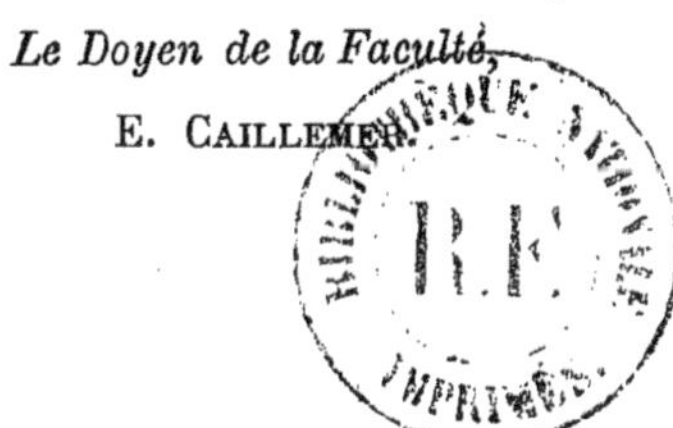

www.ingramcontent.com/pod-product-compliance
Ingram Content Group UK Ltd.
Pitfield, Milton Keynes, MK11 3LW, UK
UKHW021647090726
13657UKWH00004B/1821